Das soziale Problem der Zwangsheirat

STUDIENARBEIT ZU ARRANGIERTEN HOCHZEITEN: WIE
STEHT DER ISLAM DAZU, WAS SAGT DAS GESETZ IN DER
TÜRKEI UND ÖSTERREICH?

VON MALVINE FALKNER

STUDIENARBEIT

PARIS-LODRON UNIVERSITÄT SALZBURG

1

ISBN: 1517285119
ISBN-13:978-1517285111

Inhalt

1. Begriffsdefinitionen

Die Zwangsvermählung findet man in sehr unterschiedlichen Ländern, Gesellschaften oder aber auch in unterschiedlichen Religionsgemeinschaften wieder. Die Zwangsvermählung steht zwar mit den kulturellen Traditionen in Zusammenhang, kommt jedoch in den unterschiedlichsten Bereichen vor. Sie betrifft unterschiedliche Schichten und Kasten und kann arme, sowie reiche Familien betreffen. (Sütcü, 2008)

1.1. Zwangsehe/Zwangsverheiratung und Arrangierte Ehe

Es ist schwer, eine klare Abgrenzung zwischen den einzelnen Begriffen zu finden. Unter *Zwangsehe* versteht man eine Eheschließung, bei der ein/eine Ehepartner/Ehepartnerin durch starken Druck, Androhung oder Anwendung von Gewalt zur Eheschließung gedrängt wurde. Die Androhung der Gewalt bzw. die Gewalt selbst kann hier vom Ehepartner selbst oder aber auch von dessen Familie, aber auch von der Familie des Betroffenen ausgehen. Den Betroffenen Frauen werden keine anderen Aussichten geboten. (Sütcü, 2008)

Die Ehe wird also gegen den Willen des Ehepartners aufrechterhalten. Damit meint man, dass eine Trennung/Scheidung vom Ehepartner oder von dessen Familie bzw. von der Familie der Braut/Bräutigam nicht akzeptiert wird. Sollte trotzdem eine Trennung geschehen so werden Maßnahmen gegen den Ehepartner getroffen. Oft wird auch nach dem Leben der Person getrachtet oder aber auch physische Gewalt ausgeübt oder aber auch bei Vorhandensein von Kindern mit deren Entführung gedroht. (Sütcü, 2008)

Eine *arrangierte Ehe* bedeutet hingegen, dass sowohl die Ehepartner als auch der Zeitpunkt der Heirat von den Eltern oder den Verwandten bestimmt wird. Welcher Ehepartner ausgewählt wird hängt meist davon ab, ob der ausgewählte Ehepartner aus einer günstigen bzw. strategisch wertvollen Familie abstammt oder aus einer guten sozialen Schicht kommt. Selbst wenn der/die unverheiratete Mann/Frau sich den Ehepartner selbst auswählen kann, bleibt es letztlich eine Entscheidung der Eltern, ob die Vermählung stattfindet oder nicht. (vgl. ProFrau, 2004)

Beide Arten, arrangierte Eheschließung als auch Zwangsheirat sind bestimmte Formen von innerfamiliärer Gewalt und verletzten somit Menschenrechte. (vgl. BKA. 2007)

2.   Gründe für eine Zwangsheirat

Gründe für eine Zwangsehe können einerseits wirtschaftlich, aber auch ethnisch sein. Kulturelle Wertvorstellungen aber auch patriarchalische Machtverhältnisse spielen dabei ebenfalls eine große Rolle. Weiters kann eine Zwangsvermählung zur Stärkung der Familie beitragen, indem einzelne nahe Familienangehörige miteinander verheiratet werden. Die betroffenen Frauen/Männer stimmen einer Zwangsheirat meist unter Zwang zu, da sie den Familienfrieden aufrechterhalten wollen, aber auch deshalb, da die Familien ein „nein" sowieso nicht akzeptieren würden. Die Tradition ist es, welche die Macht als Mittel zur Zwangsverheiratung und arrangierter Ehe einsetzt, und nicht wie allzu oft geglaubt wird, die Religion. (vgl. BKA. 2007)

Ein weiterer Grund können auch materielle Interessen sein. Bei Verheiratung wird oftmals ein Brautgeld bezahlt. In unterentwickelten Ländern bzw. Entwicklungsländern ist die Tradition des Brautpreises weit verbreitet. Beim Brautgeld werden zwei Formen unterschieden. Bei der ersten Form wird dem Brautvater bzw. dessen Herkunftsfamilie ein Brautgeld bezahlt, um den Sozialstatus und die zukünftige Versorgung der Braut sicherzustellen. Bei der zweiten Form, muss das Brautgeld der Bräutigam oder aber auch dessen Vater selbst bezahlen um den Brautvater den Verlust einer Arbeitskraft und die Aufwendungen die dadurch entstanden, abzugelten. (vgl. ProFrau, 2004)

Der Brautpreis ist jedoch, im Vergleich zum Einkommen der betroffenen Familie, so hoch angemessen, dass es häufig zur Verschuldung kommt bzw. eine Heirat für die Heiratswilligen unerschwinglich wird. (vgl. ProFrau, 2004)

Einen weiteren Grund für eine Zwangsvermählung kann man auch in Österreich beobachten. Mädchen mit österreichischer Staatsbürgerschaft, deren Eltern aus einem anderen Land stammen, zum Beispiel aus der Türkei, werden im Alter zwischen 15 und 16 Jahren unter Vorwand von falschen Tatsachen in die Türkei gelockt (z.B. Urlaub) und dort Zwangsverheiratet. Durch diese Vermählung können die Eltern einen Verwandten aus der Türkei nach Österreich holen. (vgl. ProFrau, 2004)

3. Die Macht der Familie - Blutrache und Ehrenmord

Die Reinheit der Familienehre ist oberstes Gebot in einer traditionell eingestellten Familie. Es ist wichtig eine Verletzung der Ehre um jeden Preis zu vermeiden, im schlimmsten Fall durch Mord, also den Ehrenmord. Diese Bestrafung wird z.b. dadurch gerechtfertigt, dass eine Frau nicht den ihr vorgesehenen Mann heiratet, oder ihren Mann betrügt. In vielen Fällen ist die ausschlaggebend dafür, dass Frauen ohne großen Wiederstand den Mann heiraten, dem sie versprochen wurden. Sobald die Tochter in einem Heiratsfähigen Alter ist, wird sie Zwangverheiratet, dass die Familienehre geschützt wird. Sozusagen, bevor sie jemanden kennen lernt. In der Türkei z.b. ist dass Heiratsfähige Alter einer Frau bzw. eines Mädchens dann erreicht, wenn die Geschlechtsreife äußerlich ersichtlich ist, wenn sich also ihr Körper verändert. Das Mädchen darf vor der Hochzeitsnacht keinen Geschlechtsverkehr gehabt haben, auch nicht wenn es sich dabei um den zukünftigen Ehemann handelt, ansonsten wird die Familienehre in den Schmutz gezogen. Laut Amnesty international handelt sich bei Ehrenmorden um keine Ausnahmefälle. Im süd-östlichen Teil der Türkei nimmt die Zahl der Ehrenmorde dramatisch zu. (vgl. Sütcü, 2008)

Der Begriff Zwangsheirat geht mit dem Begriff Gewalt einher. Die Betroffenen, meist minderjährige Buben/Mädchen, werden durch ihre Familie einem großen Druck ausgesetzt. Sie werden gezwungen, jemanden zu heiraten, den sie nicht kennen, geschweige denn lieben. Dem psychischen Druck folgt meist die physische und psychische Gewalt der Eltern bzw. Verwandten. (vgl. polis, 2010)

Das Verbrechen durch Verletzung der Ehre hat nichts mit der Religion an sich zu tun, sondern kommt in allen soziokulturellen Lebensbereichen vor. Die Dunkelziffer an verübten Ehrenmorden ist sehr hoch, denn oft wird die offizielle Todesursache verschleiert und nur die wenigsten Ehrenmorde werden auch als diese erkannt. Es werden einige tausend Morde jedes Jahr vermutet. Die Täter sind meist nahe männliche Verwandte, Brüder oder aber auch Cousins die die Morde durchführen. Aber auch Frauen werden immer häufiger zu Mittäterinnen. (vgl. polis, 2010)

Auf den Familien, die über die Gemeinschaft Schande gebracht haben, lastet ein solch großer Druck, dass betroffene Familien fast dazu gezwungen werden, ihre Ehre durch einen Mord wiederherzustellen um nicht aus der Gemeinschaft ausgegrenzt zu werden. (vgl. polis, 2010)

In der Türkei beispielsweise wurden 1190 Menschen (710 Männer und 480 Frauen) im Zeitraum 2000 bis 2005 durch Ehrenmorde und Blutrache getötet worden. In 29 % der verübten Morde ging es darum, die verletzte Ehre der Familie wieder herzustellen. (vgl. ORF, 2005)

Doch warum ist es nun so wichtig, die Ehre zu erhalten und bei Missachtung sogar gewalttätig zu werden?

Gabi Frimberger von der Plattform „pro FRAU" für Frauenrechte und gegen Diskriminierung meint dazu, dass die Ehre der Familien in patriarchal strukturierten Gesellschaften sehr stark am Verhalten der Frau festgemacht wird. Nach Frimberger werden Frauen als Gut bzw. Besitz des Mannes angesehen und nicht als eine eigenständige Persönlichkeit. Der gesellschaftliche Druck der Gesellschaft auf die betroffene Familie ist sehr groß und beeinflusst dadurch auch das gesamte Leben der restlichen Familie. Auch mögliche zukünftige Heiratschancen der Familienmitglieder werden durch Verletzung der Ehre gefährdet. (vgl. ProFrau, 2004)

Aus österreichischer Sicht wurde der letzte bekannte Ehrenmord an einer 20-jährigen Libanesin, die Tirol lebte, durch ihren 17-jährigen Bruder verübt. Dem Standard zufolge, gab der Bruder als Tatmotiv an, dass seine Schwester Schande über die Familie gebracht habe. Die 20-jährige Layal sollte nach Meinung ihrer Familie, mehrere verschiedene „Männerbekanntschaften" gehabt haben und somit die Familienehre beschmutzt haben. Der Bruder von Layal hat sie brutal bis zur Bewusstlosigkeit niedergeschlagen. Er verfrachtete sie in sein Auto und brachte sie nach Strass im Zillertal wo er versuchte sie zu erwürgen. Da ihm dies zu lange gedauert habe, stach er 14 Mal auf seine Schwester ein. Die Polizei schilderte, dass der Bruder des Mordopfers bei der Vernehmung keinerlei Reue gezeigt habe (vgl. ProFrau, 2004)

3.1. Was können wir in Österreich dagegen tun?

In Österreich können wir am besten helfen, indem wir geeignete Schutzräume bzw. Aufenthaltsräume für Betroffene Männer/Frauen bereitstellen und ein geschultes Personal sich den betroffenen Personen annimmt. Es obliegt auch den Magistraten für die Sicherheit der Anonymität zu sorgen und den neuen Aufenthaltsort des Opfers nicht an Familienangehörige weitergibt, denn diese werden Versuchen, das Familienmitglied zurückzuholen um den Ehrenmord zu vollziehen und die Ehre wieder herzustellen. Auch eine zielgerichtete Aufklärung und ein Umdenken im Bezug auf die kulturelle Identität sind notwendig. (vgl. ProFrau, 2004)

4.   Kulturgeschichte der Zwangsheirat

Wie bereits erwähnt, lässt sich die Zwangsheirat nicht auf eine bestimmte Religion oder auf eine ganz bestimmte Tradition zurückführen. Zwangsehen sind leider bis heute auf der ganzen Welt verbreitet und man findet sie sowohl in islamischen und hinduistischen Gesellschaften als auch in buddhistischen und christlichen Kulturen. Der UNICEF zufolge handelt es sich bei der Zwangsheirat um eine Menschenrechtsverletzung und sie ist nur in einem patriarchalischen Umfeld möglich, indem Mädchen bzw. Frauen benachteiligt werden. (vgl. WedPlan, 2010)

Im Mittelalter war in Europa eine bestimmte Art von Zwangsehe, die so genannte Muntehe, unter Adeligen nicht weiter ungewöhnlich. „Munt" bedeutet Vormundschaft und drückte Bestimmungsgewalt aus. Der Begriff Ehe bedeutete hier „Gesetz" und leitete sich aus dem mittelalterlichen Begriff „ewa" ab. Die Muntehe ist also auf einem Gesetz beruhender Wechsel der Vormundschaft bzw. der Bestimmungsgewalt über eine Frau. Vor der Heirat hatte der Vater das Bestimmungsrecht über die Tochter und dieses Recht ging bei der Heirat auf den Ehemann über. Um die Ehe nach der offiziellen Trauung rechtskräftig werden zu lassen war es früher üblich, sich im Haus des Ehemannes einzufinden und ein Festmahl einzunehmen. Anschließend erfolgte meist der erste Geschlechtsverkehr des verheirateten Paares unter Zeugen um die Hochzeit rechtskräftig werden zu lassen. Der Ehemann erhielt bei dieser Muntehe das Recht über die Verfügung seiner Frau, der Kinder und das gemeinsame Vermögen. Er war jedoch auch verpflichtet, seiner

Frau Schutz zu gewähren. Die Heirat aus Liebe, in dem materielle Gesichtspunkte keine Rolle mehr spielte, entwickelte sich in der Romantik des 19. Jahrhunderts. (vgl. WedPlan, 2010)

Durch die große Migration bzw. der Zuwanderung von Menschen aus anderen Ländern und Kulturen in denen Zwangsverheiratung üblich ist, ist die Zwangsehe auch heute noch ein großes Thema. (vgl. WedPlan, 2010)

5.   Was sagt der Islam zum Thema Zwangsheirat?

Vielen Menschen glauben, das der Islam und vor allem der muslimische Glaube zwingend etwas mit Zwangsverheiratung, Zwangsehen und arrangierten Ehen zu tun hat.

Im Islam werden Heiratswillige einander von den Eltern, Verwandten oder aber auch von Bekannten vorgestellt. Sollten nun beide Sympathie füreinander empfinden, kann es zu einer Eheschließung kommen. Es findet also eine arrangierte Eheschließung statt. Herrscht jedoch eine archaisch organisierte Struktur in der islamischen Familie (mit einem vorislamischen Stammesdenken), so ist es Pflicht, dass innerhalb eines Klans geheiratet wird, auch wenn beide Ehepartner nichts für einander empfinden. Von Verwandten und vor allem von der Familie wird auf die betroffenen Ehepartner daraufhin ein so massiver Druck ausgeübt, dass eine Flucht aus dieser Eheschließung fast unmöglich erscheint. Erst hier kann man wirklich von einer Zwangsheirat sprechen. (vgl. Islam Revolutionsservice, 2007)

Dem Islam zufolge ist es jedem Menschen frei gestellt, sich den Ehepartner selbst auszusuchen oder aber auch abzulehnen. Der Vater der Braut hat im Islam jedoch ein Veto-Recht. Veto-Recht bedeutet, dass der Vater der Braut, im Falle der ersten Ehe seiner Tochter, Einspruch gegen die Verbindung erheben kann. Dieses Veto-Recht soll nur dann vom Vater angewandt werden, wenn es schwerwiegende Gründe, islamischer Ansicht nach, gibt. Dies wäre zum Beispiel dann der Fall, wenn der Bräutigam ein Alkoholproblem bzw. Alkoholabhängig wäre. Für den Islam dient dieses Veto-Recht dazu, die Familie als Ganzes zu stärken. Sollte die Braut gegen den Willen ihres Vaters trotzdem einen Mann heiraten wollen, so würde sie schlimmsten Falles seine Zustimmung verlieren und den Familienfrieden gefährden. Es ist also im Islam verboten einen Menschen zu einer Heirat zu zwingen. (vgl. Islam Revolutionsservice, 2007)

Auch wenn Vertreter des Islams ständig betonen, dass die Zwangsheirat jeglichen islamischen Grundsätzen widerspricht und deshalb auch verboten ist, findet man allerdings immer wieder widersprüchliche Aussagen zur Gültigkeitsfrage. Handelt es sich beispielsweise um eine Frau, die noch nicht die Volljährigkeit erreicht hat, kann man nicht klar sagen, ob nach der Rechtslehre des Islams die Zwangsheirat von den Menschen verurteilt wird. Im Islam gibt es nämlich für diese Fälle einen so genannten „Wali". Dieser „Wali" ist ein offizieller Titel für einen Stellvertreter im Islam. Bei einer Heirat mit einem minderjährigen Kind, hat der „Wali" – meist der Vater bzw. Großvater des Kindes – die Funktion des Heiratsvormundes. Daraufhin wird also die Tochter bzw. Enkelin mit einem beliebig ehefähigen Muslim unter Bedingung ihrer Jungfräulichkeit verheiratet. Dies bedeutet also, dass das Kind zur Heirat gezwungen wird. Das Mädchen könnte aber auch durch ein zum Beispiel betretenes Schweigen darauf aufmerksam machen, dass es mit dieser Verbindung nicht einverstanden ist. Meist jedoch ist der Druck der Familie zu groß und die Angst von der Familie geächtet zu werden größer. Sollte die Braut sich dennoch äußern, mit dieser Ehe nicht einverstanden zu sein, darf sie nicht verheiratet werden. (vgl. polis, 2010).

6. Rechte und Gesetze in Österreich

Zwangsehe wird im Strafgesetzbuch (2007) folglich definiert: „ Jede Form von Eheschließung die nicht auf dem freien Willen mindestens eines Ehepartners beruht, sondern durch Nötigung herbeigeführt wird." Die Sanktionierung nach den Österreichischen Strafgesetzbuch (2007) besagt, dass jemand der eine Person mit Gewalt, durch Entziehung der persönlichen Freiheit oder durch Drohung mit Gefahr für Leib oder Leben zur Eheschließung nötigt ist mit Freiheitsstrafe von sechs Monaten bis zu fünf Jahren zu bestrafen. Wenn jemand die Tat in Bezug auf eine minderjährige Person begeht, ist mit Freiheitsstrafe von sechs Monaten bis zu zehn Jahren zu bestrafen.

Laut Schöpp-Schilling (2007) muss das Recht auf Eheschließung auf der Grundlage freiheitlicher Willensbekundung eng in Verbindung mit anderen Normen gesehen werden. Darunter fallen beispielsweise: das Recht auf Leben, Freiheit, Gleichheit und Sicherheit; das Verbot der Diskriminierung; das Verbot der Sklaverei und dem Menschenhandel; das Verbot der Folter oder grausamer, unmenschlicher oder erniedrigender Behandlung oder Strafe. Viele dieser Rechte werden durch eine Zwangsverheiratung und ihre möglichen Auswirkungen gerade für Frauen verletzt. Dem Staat sind zwar in das Eingreifen in die Privatsphäre Grenzen gesetzt, jedoch ist er zugleich aufgrund der Menschenrechte dazu gezwungen Einzelpersonen vor Verletzungen durch Private, auch innerhalb der Familie, zu schützen, solchen vorzubeugen und sie zu sanktionieren.

6.1. Begründung

Die Begründung, warum man eine solch harte Strafe heranzieht besteht darin, dass es Ziel der Gesetzesinitiative ist, die Zwangsehe wirksamer zu bekämpfen. Wird eine Ehe, gegen den freien Willen eines Menschen geschlossen, so handelt es sich hierbei um eine schwerwiegende Verletzung der Menschenrechte. Deshalb ist es notwendig, einen eindeutigen Straftatbestand zu schaffen. Die Gesetzgebung in Deutschland ist hierbei dem österreichischem sehr ähnlich, jedoch zeigt die Praxis in Deutschland, dass die rechtlichen Instrumente nicht ausreichend sind. So wurde in Deutschland 2004 die Zwangsehe als besonders schwerer Fall der Nötigung unter den Straftatbestand der Nötigung gestellt. (vgl. Antrag zur Gesetzesänderung von Strache und Fichtenbauer, 2007)

6.2. Täterschaft und Teilnahme

Die Tathandlungen können von einem Einzeltäter oder einer Einzeltäterin, aber auch von den Eltern des Opfers oder anderen Verwandten, begangen werden. Die Anstiftung zur Tat, d. h. die vorsätzliche Bestimmung eines anderen zur Begehung einer rechtswidrigen Tat, wird gleich einem Täter/ einer Täterin bestraft (§ 26StGB). Anstifter könnte z. B. der Großvater als Familienoberhaupt sein, der seinen Sohn bestimmt, seine Enkelin mit einem bestimmten Mann aus der Großfamilie zu verheiraten. Wird die Ehe rechtsgültig gegen den Willen des Opfers geschlossen, wären Großvater und Vater gleichermaßen strafbar. Beihilfe zur Haupttat, z. B. in Form von Vorbereitungshandlungen für die standesamtliche Heirat in Kenntnis des von anderen ausgeübten Zwangs, ist möglich und wird ebenfalls bestraft (§ 27 Abs. 1 StGB). (vgl. Kalthegener)

6.3. Rechtswidrigkeit der Tat

Die Handlung muss rechtswidrig sein. Eltern, die zum Beispiel ihre Tochter gegen deren Willen mit einem von ihnen ausgesuchten Mann verheiraten, können davon überzeugt sein, dass es zum Wohl ihres Kindes geschieht. Sie glauben dabei an ihre Traditionen. Wirtschaftliche Not und die Zahlung eines hohen Brautpreises sind für manche Familien Grund genug, junge Mädchen ohne deren Zustimmung in eine Ehe zu geben. Mag es in einem Familienverband oder einer Dorfgemeinschaft auch übliche Praxis sein, nach deutschem Strafrecht wären das keine relevanten Rechtfertigungsgründe. Zivilrechtlich kann eine Ehe, welche ohne Einwilligung der Frau / des Mannes wegen Verstoß gegen Eheschließungsvoraussetzungen gerichtlich aufgehoben werden. (vgl. §§ 1314 Abs. 2 Nr. 4, 1306Abs. 1 Nr. 1 BGB) (vgl. Kalthegener)

7. Rechte und Gesetze in der Türkei

Laut Sütcü (2009), ist die Eheschließung zwischen engen Blutsverwandten wie beispielsweise unter Geschwistern oder Onkel und Nichte nicht erlaubt. Die Eheschließung zwischen Cousins und Cousinen jedoch schon.

Gemäß Art. 151 ZGB ist die Ehe, die unter Anwendung von Drohung oder Gewalt geschlossen wurde, anfechtbar. Das heißt sie ist vorerst gültig. Die Ungültigkeit muss erst durch eine gerichtliche Entscheidung festgestellt werden. Dabei muss die

Anzeige von der Person geschehen, die von der Zwangsverheiratung betroffen ist, oder einer ihr nahestehenden Person. Hier kommt es schon zum ersten Problem, denn die Betroffenen müssten demnach selbst Anzeige erstatten. Sie haben jedoch dann oft große Angst von ihrer Familie verstoßen zu werden und beugen sich dem Willen des Täters / der Täterin und erstatten somit keine Anzeige.

Weiters muss die Frau / der Mann die Situation beweisen, wenn sich jedoch alle gegen sie / ihn gewendet haben steht sie / er ganz alleine da. Sie / er hat keinerlei Unterstützung von ihrer / seiner Familie und so sind die Erfolgsaussichten sehr schlecht.

Zusammenfassend ist zu sagen, dass die Zwangsehe in der Türkei vor dem Gesetz keineswegs gebilligt wird. Die Umstände machen es jedoch sehr schwer eine Zwangsehe zu entdecken. Wenn es aber zu einer Verurteilung kommt, ist mit einer Freiheitsstrafe zu rechnen.

Ein großes Problem gibt es jedoch, denn in vielen Fällen lassen Richter Strafmilderung walten, wenn Frauen Opfer von Gewalt sind. Und auch die Polizei und Staatsanwaltschaft bearbeiten Fälle von Mädchen oder Frauen wegen Gewaltanwendung innerhalb der Familie nicht mit der gebotenen Dringlichkeit und Ernsthaftigkeit. Sie werden oft einfach wieder nach Hause geschickt. Anzeigen von Frauen wegen Vergewaltigung werden einfach eingestellt, wenn der Verdächtige der Anzeige widerspricht. Hier herrschen schwerwiegende Gesetzeslücken.

7.1. Zulässigkeit der Kindheirat nach islamischem Recht

Nach dem islamischen Recht sind Frauen nicht vor dem vollendeten neunten Lebensjahr und Männer nicht vor dem vollendeten zwölften Lebensjahr ehemündig. Dennoch ist die Eheschließung auch gültig wenn sie vor dem Eintritt der Ehemündigkeit geschlossen wurde. Sie ist also auch gültig wenn es sich um Kleinkinder handelt. Besonders in Afghanistan, der Türkei und vielen afrikanischen Ländern werden Mädchen sehr früh verheiratet. (Sütcü, 2009)

8. Zahlen, Daten, Fakten
8.1. Fehlende Daten und Anzeigeverhalten

Laut Frau Basari (2004) ist es in der Türkei kulturell und traditionell so, dass fast 80 % der im Dorf lebenden Frauen durch Zwangsverheiratung vermählt werden. Sie haben kein Mitbestimmungsrecht wer ihr Zukünftiger Mann wird. In den Städten in der Türkei ist das jedoch anders, denn dort lebt man eher amerikanisch.

Wissenschaftlich ist jedoch das Thema Zwangsheirat laut Sütcü (2009) noch relativ wenig erforscht und das genaue Ausmaß noch nicht näher bekannt. Die Einzigen bisher durchgeführten statistischen Erhebungen gab es in Berlin 2002 von mehr als 50 Einrichtungen aus dem Jugendhilfe- und Migrationsbereich. Dort wurden ca. 220 Fälle der Zwangsverheiratung bekannt. D.h. die Mädchen wurden gegen ihren ausdrücklich erklärten oder mutmaßlichen Willen verheiratet. Es ist jedoch davon auszugehen, dass die Dunkelziffer weit höher ist. Eine andere Studie im Jahre 1994 in Berlin ergab, dass 42,6% der 130 Befragten Frauen im Alter von 13 bis 17 Jahren verheiratet wurden, 25% davon hatten ihren Ehemann vor der Hochzeit noch nie gesehen. Viele Mädchen schweigen aus Scham, oder weil sie ihre Rechte nicht kennen. Weiters erachten die meisten ihr Schicksal als normal, da auch ihre Mütter Zwangsverheiratet wurden.

Es gibt seit vier Jahren den besonderen Straftatbestand der Nötigung zur Eingehung der Ehe, jedoch wurden bisher keine einschlägigen Urteile veröffentlicht. Dies steht scheinbar im

Widerspruch zu Beobachtungen von Mitarbeiter/ Mitarbeiterinnen verschiedener nichtstaatlicher Stellen. So registrierten Referenten / Referentinnen der Frauen Menschenrechtsorganisation TDF (Terre de Femmes) zwischen 2002 bis 2006 eine Verdoppelung der Anzahl der Mädchen und Frauen, die sich in größter Not befanden und sich telefonisch oder mittels E-Mail Hilfe suchend an die Organisation wandten. So gab es im Jahr 2006 412 Einzelfällen, 173 betrafen Zwangsverheiratung oder Bedrohung mit „Ehrenmord". Die Tendenz ist steigend. Ähnliches bestätigen Mitarbeiter / Mitarbeiterinnen von Kriseneinrichtungen. Dies bedeutet aber nicht, dass jeder Hilferuf zu einer Strafanzeige wegen (drohender) Zwangsverheiratung führt oder dass die Straftaten seit 2002 zunehmen. Es ist so, dass sich Betroffene durch die Kampagnen gegen Zwangsheirat ermutigt fühlen und sich zur Wehr zu setzen. (vgl. Kalthegener)

9. Praxiserfahrungen
9.1. Länderübergreifende Zwangsheirat

Eine andere Form der Zwangsheirat ist, wenn Mädchen aus der Türkei nach Österreich verheiratet werden. Dort müssen sie alleine hin, zu Familienmitgliedern, die sie oftmals nicht kennen. Weder können die die Sprache, noch kennen auch die gesetzliche Lage. Auch der Junge ist dabei ein Opfer, denn wie es in Österreich üblich ist, hat man im Jugendalter bereits eine fixe Freundin. Er ist jedoch gezwungen mit seiner verheirateten Frau zu schlafen, ansonsten verliert er seinen guten Ruf in der Familie. Oft werden die Mädchen dann von ihrem Ehemann geschlagen und sind dabei ganz allein, da sie in einer „fremden Familie" sind, die eher zu ihrem Sohn helfen als zu ihrer Schwiegertochter. Hinzu kommt noch, dass diese Frauen sich aufgrund des Fremdenrechts nicht scheiden lassen dürfen, sie haben sonst keine Rechte mehr in Österreich und somit auch keine Existenz. Es herrscht also nicht nur eine häusliche Gewalt, sondern auch eine strukturelle Gewalt.

9.2. Besondere Beweisproblematik bei verwandten Tätern/ Täterinnen und Opfern

Täter/Täterin und Opfer von Nötigung zur Eingehung der Ehe sind häufig miteinander verwandt. Dies macht die Beweislage schwierig. Zur Aufklärung des wahren Sachverhaltes stehen selten andere Beweismittel als Zeugen und Zeuginnen zur Verfügung. Als Zeuginnen/Zeugen der Nötigungshandlungen können sich nahe Verwandte, auch das Opfer selbst, auf ein Auskunftsverweigerungsrecht aufgrund eines persönlichen Zeugnisverweigerungsrechts berufen. (§§, 52 Abs. 1 StPO)

9.3. Opfersituation und Schutz außerhalb eines Strafverfahrens

Kalthegner (2007) sagt dazu, dass eine besonders schwierige Lage darin besteht, wenn Mädchen und Frauen, die aus Zwangsehen fliehen, verfolgt werden. Sie müssen den Kontakt zu allen Familienangehörigen abbrechen, um eine eigene Gefährdung auszuschließen. Sie fliehen dann oftmals in Kriseneinrichtungen oder Frauenhäusern. Um nicht gefunden werden zu können, brechen sie die Ausbildung ab oder geben die Arbeitsstelle auf. Aus Angst vor Repressalien machen sie auch keine Strafanzeige. Ohne eine Anzeige kann jedoch kein Ermittlungsverfahrens eingeleitet werden. Und somit werden die Täter / Täterinnen nicht bestraft.

9.4. Unrechtsbewusstsein

Jede Person, die an einer Zwangsehe mitgewirkt hat, wird erzählen, dass sie doch nichts Schlimmes getan habe. Die Verheiratung gegen den Willen eines Menschen ist so sehr verbreitet und in der Tradition gefestigt, dass es wichtig wäre, dass die Auflösung der Zwangsehe mit einer Bestrafung einhergeht. Nur so kann den Personen, die ganz selbstverständlich ihre Töchter verkaufen und nebenan in einem Zimmer sitzen, während ihre Töchter vergewaltigt werden, deutlich gemacht werden, dass sie eine Straftat begehen. Es ist falsch zu denken, dass Traditionen geschützt werden müssen, wenn Menschenrechte verletzt werden.

9.5. Folgen der Zwangsverheiratung

Laut Sütcü (2009) sind Sexuelle Ausbeutung, Vergewaltigung und permanente häusliche Gewalt bei Zwangsverheiratungen an der Tagesordnung. Die Mädchen und Frauen haben keinen oder nur sehr geringen Einfluss darauf, ob und wie oft sie schwanger werden. Ungewollte Kinder sind fast zwangsläufig die Folge. Oft werden dadurch auch Kinder zu Müttern. Einigen Frauen geben diese Kinder ihren einzigen Halt, andere übertragen ihre Frustration auf die Kinder. Was auch wiederum immense Auswirkungen auf die Kinder hat.

10. Positive Aspekte der Zwangsheirat

Herdickerhoff schreibt in seinem Artikel über die Zwangsheirat, dass rund 90 Prozent aller Ehen in Indien von den Familien arrangiert seien. Der Hauptgrund dafür sei sich vor allem wirtschaftlich abzusichern. Der Staat hat in Indien noch kein soziales Netz gespannt und so vernetzen sich die Familien selbst. Hierbei erkennt man die kollektivistische Gesellschaft der Inder, das Individuum ist nur Teil dieser Gemeinschaft und seine Identität basiert auf dem Platz in der Gesellschaft. Die Gruppenentscheidung zählt mehr als der individuelle Wunsch. Liebe spielt dementsprechend bei der Partnerwahl keine Rolle, sondern nur die Regeln. Und Regel Nummer eins lautet: Die Familie weiß, wann es Zeit ist für die Heirat.

In Indien hat sich die arrangierte Ehe bewährt, so sind diese wesentlich stabiler als Ehen, die auf Liebe basieren. Sie sind auch unter jungen Menschen sehr beliebt. Dennoch wächst die Zahl der Unzufriedenen, und somit auch die Scheidungsrate. Diese hat sich in den letzten zwei Jahrzehnten mehr als verdoppelt. Dennoch bleiben in Indien rund 93 Prozent der Ehepaare ihr Leben lang zusammen. Zum Vergleich: in Deutschland sind es nur runde 50 Prozent. (Herdickerhoff, o.J.)

Herdickerhoff sagt weiters, dass Inder vor der Ehe meist keine Beziehungen eingehen, sie bauen bis dahin nur Beziehung zu ihren Familienmitgliedern auf. Sie sind deshalb davon überzeugt, dass die Entscheidung der Anderen gut für sie sind. Die arrangierte Ehe ist demnach kein reiner Zwang, aber auch keine wirklich freie Wahl.

11. Selbstmord als Zeichen der Not der Betroffenen

Auf Grund der Gefahr für ein Mädchen ermordet zu werden steigt in der Türkei die Selbstmordrate immer noch weiter an. Viele Familien geben auch nach außen hin an, dass sich die Tochter selbst ermordet hat, obwohl es sich dabei in Wirklichkeit um einen Ehrenmord handelt. In anderen Fällen wird die Tochter von ihrer Familie zum Selbstmord gezwungen, weil sie möglicher Weise vorehelichen Geschlechtsverkehr hatte. 1997 soll es auf eine Personenzahl von 550 000 134 Selbstmorde gegeben haben. Die Selbstmordrate der Frauen war doppelt so hoch wie die der Männer und am meisten betroffen waren die 15 – 24 jährigen Mädchen, die Alterskategorie, die für Frauen am gefährlichsten ist. Auf dem Land gibt es für eine junge Frau keinen anderen Ausweg, als sich umzubringen, sofern sie nicht den Mann heiraten möchte, dem sie von ihrer Familie versprochen wurde. Grundsätzlich lassen sich die Opfer der Selbstmorde in zwei Gruppen einteilen. Zum einen die 15 - 20 jährigen, die dem Druck der Familie nicht standhalten, weil sie entweder kurz vor der Verheiratung mit einem Mann stehen, den sie nicht wollen oder den Mann den sie lieben nicht heiraten dürfen. Die andere Gruppe ist jene der 25 - 30 jährigen Frauen, die die Gewalttaten von Seiten ihrer Ehemänner nicht mehr aushalten. (Sütcü, 2008)

12. Kindheirat als Folge der Tradition

In vielen Fällen ist es so, dass in jenen Familien, in denen ein Mädchen mit einem Mann zwangsverheiratet wird, die Eltern selbst auch auf Grund dieser Tradition und möglicher Weise gegen ihren Willen verheiratet wurden. Die Mutter des Mädchens hat also genau dass gleiche einige Jahre oder Jahrzehnte zuvor durchgemacht. Das Problem ist hier, dass vor allem in einen Dorf oder einer kleinen Stadt der Druck zur Aufrechterhaltung der Familienehre am höchsten ist und daher selbst die Mutter dies nicht verhindern kann, um den Ruf der Familie zu schützen. (Sütcü, 2008)

13. Situation der Männer

Männer werden im Grunde genau so gegen ihren Willen Zwangsverheiratet wie ihre junge Ehefrau, der Unterschied liegt aber trotzdem darin, dass es bei Männern kaum der Fall ist, dass sie als Minderjährige schon verheiratet werden. Da vom Ehemann erwartet wird, dass er als Oberhaupt seine Familie versorgt und für sie aufkommt, ist es ihm gestattet, oder wird es sogar von ihm verlangt, dass er eine Schulbildung hat und seine Ausbildung abgeschlossen hat, so dass er finanziell unabhängig ist und für seine Familie aufkommen kann. Ein weiterer Unterschied zu den Frauen liegt darin, dass ein vorehelicher Geschlechtsverkehr bei Männern hingenommen wird und nicht so sehr als entwürdigend für die Familie gesehen wird. Ein Regelverstoß von Seiten des Sohnes wird lediglich als Anlass genommen, diesen so bald als möglich zu verheiraten. Auffallend ist, dass das Alter der Eheschließung bei Männern türkischer Herkunft wesentlich niedriger ist als jenes der deutschen oder aus anderen europäischen Ländern. (vgl. Sütcü, 2008)

13.1. Mitspracherecht der Männer im Bezug auf eine Zwangsheirat

Dem jungen Mann wird sehr wohl ein Mitspracherecht bei der Wahl der Braut eingeräumt. Zumindest hat er die Braut vor der Hochzeit, sei es auch nur auf einem Foto bereits gesehen. Wenn sie ihm gar nicht gefällt wird sie gar nicht erst umworben. Die Situation des Mannes ist auch aus dem Grund anders, weil seine Familie bei der der Hochzeit eine aktive Rolle spielt. Aus dem Grund wird wohl kaum eine Braut ausgewählt, die dem Mann nicht gefällt. (vgl. Sütcü, 2008)

In vielen Zwangsehen ist es so, dass der Mann ein Doppelleben führt. Wie bereits erwähnt ist es für einen Mann möglich bereits vor der Eheschließung Erfahrungen zu sammeln, ganz im Gegensatz zur Frau und daher kommt es auch häufig vor, dass der Mann trotz Verheiratung neben seiner Braut noch andere Frauen hat. Dies ist ihm auch nicht wirklich verwehrt, im Gegensatz zur Frau, welche dafür durch Ehrenmord bestraft werden würde. Die Frauen müssen Nebenbuhlerinnen genau so ertragen wie mögliche Gewaltexzesse auf Grund von Unzufriedenheiten von Seiten des Mannes. Die Frauen müssen mit der körperlichen Überlegenheit des Mannes leben, denn sie lassen sie diese auch spüren. Vor allem da die Männer bereits dazu erzogen werden

Konflikte und Streitereien mit Gewalt und Aggressionen zulösen. Jungen werden bereits im Elternhaus dazu erzogen, sich als Familienoberhaupt durchzusetzen, und dazu, dass sich die Ehefrau und Kinder zu unterwerfen und zu gehorchen haben. Dabei ist aber wiederum kritisch zu betrachten, dass sich selbst die Jungen dem eigenen Vater nicht wiedersetzen können, auch in der Hinsicht, dass sie sich nicht dazu äußern, wenn die für sie ausgewählte Ehefrau nicht ihren Wünschen bzw. Vorstellungen entspricht. Problematisch wird es, wenn die Männer dann die Aggressionen, die sie auf Grund des für sie nicht erwünschten Lebens entwickeln, an der Ehefrau auslassen. Möglicherweise sind sie auch nicht in der Lage eine andere von ihnen erwünschte Lebensform zu leben. Beispielsweise wenn ein Mann homosexuell orientiert ist und auf Grund seines Vaters eine Frau heiratet entwickelt er möglicher Weise Unzufriedenheit und Aggressionen und schlägt daher seine Frau und seine Kinder. (vgl. Sütcü, 2008)

14. Institutionen

Es gibt einige Institutionen die bei Zwangsverheiratung in Anspruch genommen werden können. Dazu zählen unter anderem die Aidshilfe, das Institut für Menschenrechte und der Orient Express. Auf die letzte genante Institution wird hier näher eingegangen. (die Quelle ist hierbei die Orientexpress Homepage http://www.orientexpress-wien.com)

14.1. Orient express

Orient express ist eine Frauenberatungsstelle in Wien. Es gibt verschiedene Beraterinnen, welche auch verschiedenen Sprachen sprechen. Es gibt anonyme und kostenlose Beratung auf Deutsch, türkisch, arabisch und Englisch. Das Institut wurde 1988 von türkischen Frauen für türkische Frauen gegründet.

Damals wurden den Frauen neben Deutschkursen noch Näh- und Handarbeitskurse angeboten, jedoch bereits dort mit Kinderbetreuung. 1993 wurde erstmals eine Beratungsstelle eröffnet. 1997 folgte die Namensbestimmung Orient express. Seit 1. 1. 1997 ist der Verein Orient Express auch eine Frauenservicestelle für Migrantinnen. Seit 1. 5. 2002 wird Familienberatung mit dem Schwerpunkt Frauen angeboten.

Team des Orient Express

Zum Team des Orient Express zählen zwei türkisch muttersprachliche Beraterinnen, eine arabisch muttersprachliche Beraterin, eine türkisch muttersprachliche Administrationskraft und eine deutsch muttersprachliche Mentorin / Koordinatorin.

Allgemeine Ziele

Die Institution bietet Beratungsgespräche und Krisenintervention mit Mädchen und deren Eltern, bei denen eine Zwangsverheiratung zu erwarten ist. Außerdem gibt es Hilfe und Kontaktvermittlung bei rechtlichen Schritten im Heimatland. Wenn also z.B. ein arabisches Mädchen in Österreich Zwangsverheiratet werden soll, verhilft Orient express dazu die ersten rechtlichen Schritte einzuleiten.

Die Beratung kann bei Scheidungen und Trennungen in Anspruch genommen werden, wobei über österreichisches, türkisches und arabisches Familienrecht aufgeklärt wird und rechtliche Informationen über den Unterhalt von Kindern und über die Existenzsicherung gegeben werden.

Außerdem wird die Beratung auch bei Gewalt und Missbrauch in Anspruch genommen. Es wird über das Gewaltschutzgesetz informiert und man findet Begleitung auf Amtswegen. Man erhält vor allem Unterstützung bei häuslicher Gewalt.

Die Beratung steht auch bei Frauenbeschneidung und Generationskonflikte zur Verfügung.

Wobei sich die Beratung bei Beschneidungen nur auf arabische Frauen beschränkt. Sie findet in arabischer Sprache statt und richtet sich vor allem an Frauen aus dem arabischen Raum.

Die Beratungsgespräche finden alle anonym und kostenlos statt und die Frauen werden nicht nach ihrem ethnischen Hintergrund gefragt.

Hauptziele

Die Hauptziele liegen vor allem im Erkennen und Aufdecken sozialer Probleme und deren Ursachen, dem Bewältigen von persönlichen und gesellschaftlich bedingten Schwierigkeiten.

Darüber hinaus auch dem Mitgestalten von gesellschaftlichen Bedingungen, der Vermittlung von Hilfen, sowie der Aufzeigung von Bildungsmöglichkeiten und der Befähigung zur Teilnahme am gesellschaftlichen Leben. Außerdem soll der Verein auch dazu befähigen soziale Angebote wahrzunehmen und diese in Anspruch zu nehmen.

Daraus folgende Aufgaben

Die Hauptsächlichen Aufgaben des Orient Express liegen darin, dass Frauen gefördert werden sollen, sodass sie in ihrer Lebenswelt handlungsfähig bzw. wieder handlungsfähig werden. Außerdem werden Migrantinnen so unterstützt, dass sie ihre Konflikte selbst bearbeiten können, oder durch Begleitung, damit sie ihre Interessen selbst vertreten können.

Migrantinnen werden menschenwürdige Lebenschancen durch Mitverantwortung und Mitentscheidung eröffnet und Möglichkeiten der eigenen Arbeit und problematische Entwicklungen im Arbeitsfeld werden öffentlich benannt, um auf diese Weise Verantwortlichkeiten neu zu klären und der gesellschaftlichen Ausgrenzung von Randgruppen gegen zu steuern.

15. Resümee

Zwangsheirat ist ein sehr aktuelles Thema. Es werden jährlich zig tausende Mädchen und Jungen, Frauen und Männer zwangsverheiratet. Mit der Zwangsverheiratung sind sehr viele Probleme verbunden, wie beispielsweise die psychische und physische Gewalt. Die Zwangsverheiratungen und die damit verbundenen Probleme sind fast nicht einzudämmen. Denn es geht hierbei um Traditionen, die in den Wertvorstellungen vieler verschiedener Kulturen vorkommen. Diese Wertvorstellungen kann man unserer Ansicht nach nur sehr schwer ändern, es gibt zwar einen langsamen Trend zur Emanzipation. Dieser ist beispielsweise an den steigenden Scheidungsraten in Indien zu erkennen. (Herdickerhoff, o.J.)

Insgesamt ist uns bei der Literaturrecherche aufgefallen, dass dieses Thema noch nicht sehr gut erforscht ist, denn wir fanden nur sehr wenig gute Literatur zu dem Thema. Besonders als wir uns auf die positiven Aspekte der arrangierten Ehe konzentrieren wollten, fanden wir nur ein halbwegs brauchbares Dokument. Wir denken schon, dass es bei der arrangierten Ehe auch positive Aspekte gibt, denn es sind bestimmt nicht alle Ehen so unglücklich und schrecklich wie die oben beschriebenen. Es gibt bestimmt auch Gegenbeispiele, aber in der Wissenschaft und in den Medien werden meist nur die negativen Seiten der Zwangsheirat und der arrangierten Ehe genannt.

16. Literaturverzeichnis

- Bundeskanzleramt (2007): *Zwangsheirat*. [WWW Dokument] Verfügbar unter: http://www.frauen.bka.gv.at/site/5476/default.aspx [Datum des Zugriffs: 19.03.2010].
- Bundesministerium für Familie, Senioren, Frauen und Jugend (2007): *Zwangsverheiratung in Deutschland*. [WWW Dokument]. Verfügbar unter: http://www.bmfsfj.de/bmfsfj/generator/BMFSFJ/Service/ Publikationen/publikationen, did=100648.html [Datum des Zugriffs: 10.03.2010.].
- Daily Islam (2007): *Was sagt der Islam zur Zwangsheirat*. [WWW Dokument] Verfügbar unter: http://islamicrevolutionservice.wordpress.com/2007/09/0 6/was-sagt-der-islam- zur-zwangsheirat/ [Datum des Zugriffs: 19.03.2010].
- Der Standard (2007): *Interview mit Ali Eraslan,"Erster Imam" der islamischen Glaubengemeinschaft* [WWWDokument] Verfügbar unter: http://derstandard.at/2765421/Interview-Zwangsehen-haben-nichts-mit-dem-Islam-zu-tun [Datum des Zugriffs: 15.03.2010].
- Eraslan, Ali (2007): *Zwangsehen haben nichts mit dem Islam zu tun*. [WWW Dokument]. Verfügbar unter: http://derstandard.at/2765421/Interview-Zwangsehen-haben-nichts- mit-dem-Islam-zu-tun [Datum des Zugriffs: 19.03.2010].

- Gedik, Ipek (2005): *Zwangsheirat bei Migrantinnenfamilien in der Bundesrepublik. In: Jahrbuch Menschenrechte 2005. Schwerpunkt: Frauenrechte durchsetzen.* Suhrkamp.

- Herdickerhoff, Thorsten (o.J.): *Weder Zwangsheirat noch freie Wahl* [WWW Dokument]   Verfügbar unter: http://www.reporter-

   forum.de/fileadmin/reporterforum/Workshop_09_twts/ Herdickerhoff.pdf [Datum des   Zugriffs: 15.06.2010].

- Islam Revolutionsservice (2007): *Was sagt der Islam zur Zwangsheirat* [WWWDokument]   Verfügbar unter: http://islamicrevolutionservice.wordpress.com/2007/09/0 6/was-sagt- der-islam-zur-zwangsheirat/ [Datum des Zugriffs:14.03.2010].

- ORF (o.J) *1200 „Ehrenmorde" seit 2002.* [WWW Dokument] Verfügbar unter:

   http://www.orf.at/060413-98480/98483txt_story.html [Datum des Zugriffs: 19.03.2010].

- ORF (2005): *Ehrenmorde.* [WWWDokument] Verfügbar unter: http://www.orf.at/060413-

   98480/98483txt_story.html [Datum des Zugriffs:16.03.2010].

- Orient Express (o.J.): *Frauenberatungsstelle. Frauenservicestelle*

- [WWWDokument] Verfügbar unter: http://www.orientexpress-wien.com [Datum des Zugriffs: 17.3. 2010].

- Parlamentsdirektion. (2009): *Antrag der Abgeordneten Heinz-Christian Strache, Kolleginnen und Kollegen betreffend ein Bundesgesetz, mit dem das Bundesgesetz vom 23. Jänner 1974, BGBl Nr. 60, über die mit gerichtlicher Strafe bedrohten Handlungen (Strafgesetzbuch - StGB) (i.d.F.) , BGBl. Nr. 56/2006, geändert wird.* [WWW Dokument] Verfügbar unter: http://www.parlament.gv.at/PG/DE/XXIV/A/A_00089/im fname_145122.pdf [Datum des Zugriffs:10.03.2010].

- ProFrau (2004): *Interview mit Gül Ayse Basari vom Orientexpress* [WWWDokument] Verfügbar unter:http://www.profrau.at/de/zwangsheirat/oesterreich .htm [Datum des Zugriffs:10.03.2010].

- ProFrau (2004): *Zwangsheirat.* [WWWDokument] Verfügbar unter: http://www.profrau.at/de/zwangsheirat/oesterreich.htm [Datum des Zugriffs:16.03.2010].

- Sütcü, Filiz (2008): *Zwangsheirat und Zwangsehe: Falllagen, rechtliche Beurteilung und Prävention.* Frankfurt am Main: Peter Lang GmbH.

- Verein Katamaran (o.J.): *Zwangsheirat.* [WWW Dokument] Verfügbar unter: http://www.zwangsheirat.ch [Datum des Zugriffs: 08.03.2010].

- Volz, Rahel (2004): Stoppt Zwangsheirat!. *TDF Menschenrechte für die Frau (2).* 12-16. [WWW Dokument] Verfügbar unter: www.frauenrechte.de/tdf/pdf/zeitschrift-2-2004-zwangsheirat.pdf [Datum des Zugriffs: 13.05.2010].

- WedPlan-Pedia (2010): *Zwangsheirat.* [WWWDokument] Verfügbar unter:

http://www.wedplan.biz/wiki/index.php?title=Zwangshei
rat#Kulturgeschichte_der_Zwangsheirat [Datum des
Zugriffs:15.03.2010].

- Zentrum polis (2010): *Zwangsheirat, Langfassung des
  Glossars* [WWWDokument]   Verfügbar unter:
  http://www.politik-
  lernen.at/content/site/gratisshop/shop.item/102144.ht
  ml [Datum des   Zugriffs:20.03.2010].

www.ingramcontent.com/pod-product-compliance
Lightning Source LLC
Chambersburg PA
CBHW062028280526
45787CB00005B/2245